AVNI ✓

HIRANI

REYES

Bunny KiTTY

SCRIBE

EWOK

ZEPHYR

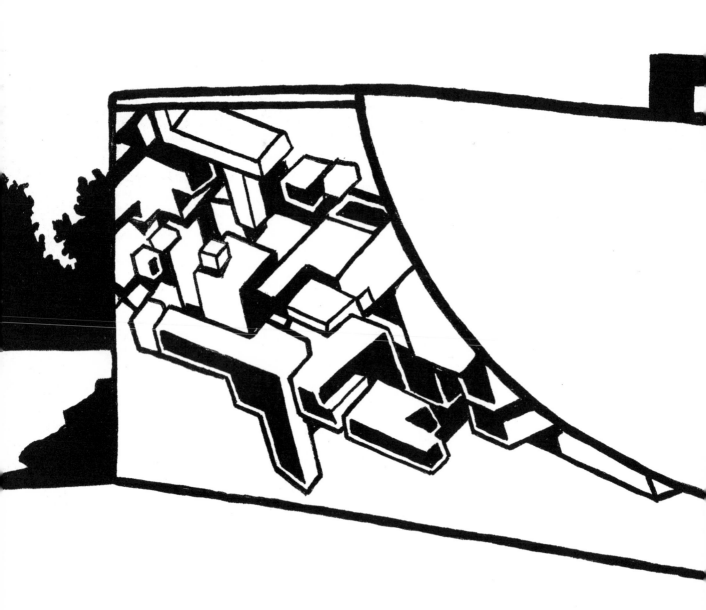

DELTA

LOOMIT

BATES

REVOK

SHEPARD FAIREY

MEAR

EMIT

WEST

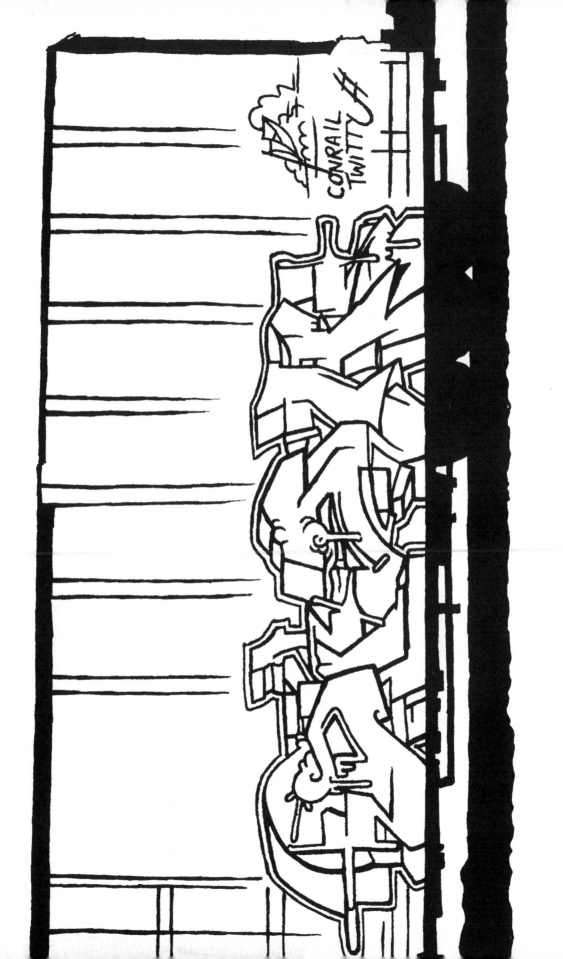

CONRAIL TWITTY #

SIGH

CHACHI

WHEN

BIGFOOT

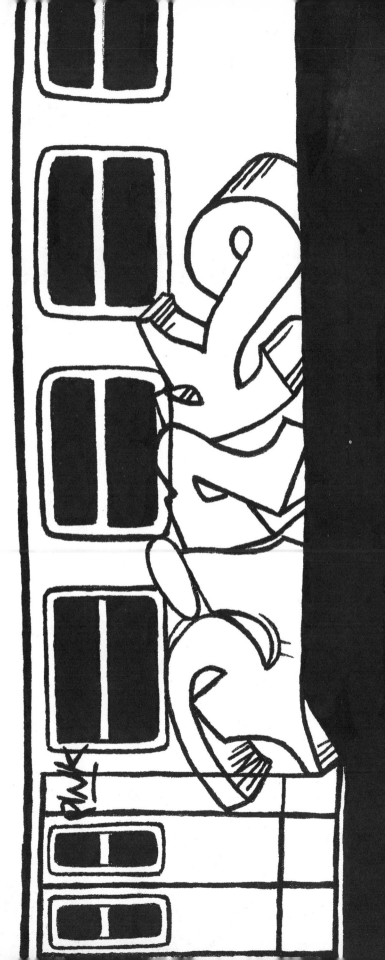

LADY PINK

MARE

AUGOR

POSE

VIZIE ONE

DONDI

KOSTA BY DF/ATT

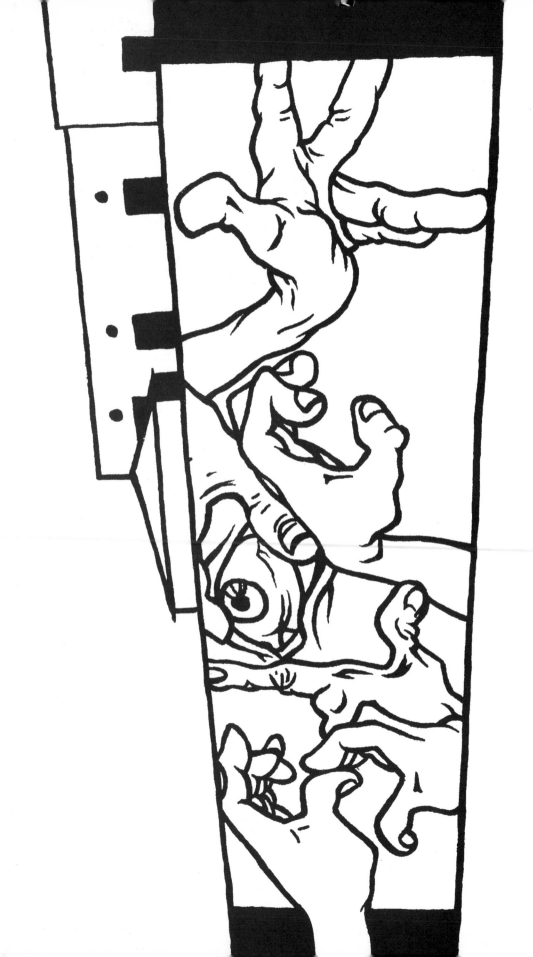

KR